L.^{27}n° 20076

L'ESCLAVAGE
DV BRAVE CHE-
VALIER FRANÇOIS de Vintimille, des Comtes de Marseille, & Olieule, à presant Commandeur du Planté & Cadillan.

Où l'on peut voir plusieurs rencontres de guerre dignes de remarque.

PAR HENRY DV LISDAM.

A LYON,

PAR CLAVDE MORILLON, Imprimeur de Monseigneur le Duc de Montpensier.

1608.

Auec Priuilege du Roy.

A MONSIEVR
DE L'ESTAN.

Monsievr,

Voicy ce braue & genereux Caualier, qui chargé de palmes, vous veut faire le discours d'vn Esclauage où le ciel l'auoit laissé tomber, pour esprouuer sa constance. Le deuoir ne veut point qu'on luy demande son nom, vous cognoistrez asses à la clarté de ses parolles, qu'il est de maison rele-

uée, & que la gloire qu'il a arrachée de sa peine, ne pourroit ombrager qu'vn noble courage. Il s'estoit presenté à moy comme amy: il ne peut manquer d'estre le vostre, puis qu'il est acquis de ceux qui tirent pension de l'honneur. Ie ne pouuois faire plus beau present à vn amy, que de l'Image parlante de celuy que i'aime & honore, comme l'ame de ma fidelité. Ses actions se lieront à vos merites, & ses merites à vos perfections, comme vostre bel esprit tout animé de valleur, tout passionné de sagesse, n'aime que les belles resolutions : ses affections ne prisent rien qu'vne loüable ambition. C'est le pouuoir de ce beau desir qui le ioint à l'a-
mour

mour du ciel. Son bon-heur l'auoit laissé dans le desastre, & le bon-heur luy a donné la main aussi tost que sa fermeté eut partagé les fleurs de sa patience. Sa generosité a perseueré lors que la prouidence filloit ses afflictions, & sa patience a vaincu les fu-reurs, lors qu'il a approché l'effort où il s'embloit n'y auoir plus de remede. Et quand les flesches de la rigueur l'ont attaqué au lieu le plus sensible, Dieu a aduancé son secours, pour tesmoigner qu'il estoit present. Il eust esté domma-ge, que vos yeux eussent estez pri-uez de voir ces belles volontez, qui ont esclaté de resolution entre les Infidelles. Vostre courtoisie le

A

prendra de la main d'vn qui che-
rit voſtre proſperité, & qui cher-
che le iour des occaſions, pour vous
faire voir combien ſes reſpects che-
riſſent voſtre bien-vueillance, ne
portant autre cœur, que pour eſtre,

MONSIEVR,

Voſtre ſeruiteur,

HENRY DV LISDAM.

L'ES

L'ESCLAVAGE DV BRAVE CHEVAlier François de Vintimille, des Comtes de Marseille, & Olieule, à presant Commandeur du Planté & Cadillan.

MALTE, cet œil de l'Europe, le front & la clef de la Chrestienté, le bras droit de l'Eglise, le cœur de la Religion, la fille plus aimée du Successeur de sainct Pierre, a tousiours esté le nerf de nostre repos, l'effroy de l'Asie & de l'Afri-

A

que, le Monastere où demeurent les Religieux Soldats, qui mettent la main à l'espée lors qu'ils entendent l'Euangile, pour monstrer ce qu'ils feroyent si l'occasió de la deffendre se presentoit à eux: qui portent la Croix pour signal de leur profession, qui ne possedent rien qu'en commun, qui font veu de chasteté & d'obeissance. Braues, qui de la mer font des champs de batailles, d'vne Isle vn corps de garde; qui ne veulent point porter leur renómée au tumbeau, viuans pour faire viure l'honneur, tousiours l'estomach ouuert, pour monstrer à leurs à leurs ennemis, que la peur ne loge iamais dans leurs courages: tousiours le feutre aux pieds, les calçons attachez, le pourpoint bas, l'espée courte & sans coquille, baillans tout le Soleil à leurs ennemis, dormans sans peur sur le pré, inuincibles, mais rien pour le monde.

Le rendez-vous de tant de Braues, qui n'ayant que l'exterieur de mondain, ont l'ame si releuée, qu'elle n'est en repos qu'alors qu'elle porte le corps aux combats contre le Turc. Nourrisse qui n'esleue que la Noblesse, conseruant la grandeur des maisons Catholiques; qui n'a point perdu courage, pour voir sa sœur Rhode entre les mains de ses ennemis. Quelle gloire! ces arcs-boutás de l'Euangile perseuerent sous la preuoyance d'vn grand Maistre, qui a l'honneur de l'Eglise de Dieu; & pour arrester les courses d'vne confusion qui se glisse par toute chose, garde le rang de sa grandeur, animant par cette Majesté le courage de ces Caualiers.

Colomne de l'Estat Ecclesiastique, Isle cōsacrée à Mars, nō à ce Mars qui fut pris auec Venus: mais à ce Mars qui commandant au ciel & à la terre

terre, a voulu estre appellé Dieu des batailles. Isle gardée par le trident de Neptune; non de ce Neptune qui fut vaincu en Ægine, ains de celuy qui commādant à la mer, marcha à pied sec sur ses ondes; Isle qui a porté son immortalité par tout le monde, qui braue tous les iours les legions de l'Infidelle, l'épouuétail de tout l'Orient: Isle où les Cerfs ne peuuent aborder, car elle n'est habitée que des Lyons.

Mais quoy? tousiours aux coups, tousiours aux alarmes, tousiours aux escoutes. Et tout pour empescher que l'Hotoman ne trouble nostre repos? Combien d'entreprises & de surprises? Ce sont des enfans tellement nourris à la milice, qu'ils ne se contantent pas de cóseruer ce qu'ils tiennent, ni de se battre sur leurs galeres. Combien de fois sont ils allez trouuer l'ennemy dás sa maison? le forcer dans sa forteresse, sans craindre de tumber entre les mains de ces Barbares?

L'esclat de cette generosité se verra dás l'Esclauage de ce braue Cauallier, le Commandeur d'Olieule, qui tout chargé de valeur, tout courage, a espreuué sous les forces de sa

de sa patience, tous les bran-
slemens qu'espreuuent ceux
que la fortune laisse à la mer-
cy des malheurs: toutesfois
sans auoir iamais tourné visa-
ge à sa fidelité, ni blasmé le
ciel de la seuerité de ce desastre. Et si ie n'auois peur de
rendre mes loüanges suspe-
ctes à ceux qui n'ôt pas l'honneur de le cognoistre, estant
son amy, ie dirois qu'on trou-
ueroit peu d'ames qui n'eussent contribué par leur plain-
tes quelque chose au desespoir; c'est vne glace bien glis-
sante, vne mer bien orageuse,
& vne alarme bien espouuen-
table.

Il y a.

Il y a quelques iours que paffant en Prouence, pour aller vifiter par deuotion le defert, où cette fainɗte Penitente la Magdalene, a apris aux pecheurs les leçons du repentir; ie vins loger à Tourues, chez monfieur d'Olieule fon pere, où il eftoit. Et parce que i'auois tant ouy parler de fon voyage en la Barbarie, & cóme il auoit efté long temps prifonnier, la curiofité voulut que ie le fçeuffe de fa bouche, pour participer d'auantage au contentement de fa liberté, luy ayát voüé par inclination & par merite mes plus fainɗtes affections. Pour contenter

ter mes desirs, il me monstra vn discours, escrit de sa main, qu'il auoit fait, tant pour releuer son souuenir, que pour faire plaisir à ses amis: & ce discours estoit cóme le corps de l'Histoire. Apres l'auoir leu, ie ne me sçeu tenir de le prier de le faire imprimer, d'autant que c'estoit vn éuenement qui meritoit d'estre regardé du Public. Il me refusa cette priere, tant pour fauoriser son humilité, que pour empescher qu'on ne creust qu'il eust fait cela par vanité, bien qu'il est permis à l'imitation des plus Braues, d'escrire ses actions ; & puis ses yeux seuls

seuls n'ont pas veu cet euenement. Apres plusieurs persuasions, qui ne le peurent porter à cette resolution, ie le prie de me donner ce discours, ayant le dessein de faire ce que sa discretion trop scrupuleuse m'auoit refusé, & de prendre sur ces paroles le sujet de ce qui s'en pouuoit dire, sans luy faire cognoistre que i'eusse cette volonté.

La Dalentade, Espagnol de natiõ, & General des galleres de Sicile, ayãt ouy dire qu'en la Barbarie, proche d'vn certain port, nommé *Porte-farine*, il y auoit deux Villages à deux mille de terre, faciles de pren prendre, se resolut de donner à son ambition ce qu'elle desiroit. En ce sujet (c'estoit en l'ã Mille six cens six) cette resolution le porta à Malte, où il arriua le vingt-quatriesme de Iuillet: où ayant fait ouuerture de son dessein, il pria l'Illustrissime grand Maistre, de joindre son pouuoir au sien, pour aborder cette executiõ: ce que sa Seigneurie & l'aduis de son sacré Conseil accorderent à ses desirs. Il luy donna ses trois galleres, lesquelles iointes à sept qu'il auoit amenées, s'achemina à mesme temps vers l'Isle du Gouzou, où le mauuais temps le fit demeurer

meurer six iours. Et la bonace arriuée au septiesme iour, fit voile vers Sicile : & suiuant toute la coste de Midy, alla iusques en Trapanne; & de là à la volte de l'Isle du sainct Bolle. Où estans arriuez, Ponant & la Beche se leuerent si cōtraires à la prosperité de ce voyage, qu'il fallut sejourner quatre iours. Et voyant que le mauuais temps croissoit les forces de ses furies, & qu'il y auoit bien peu d'eau sur les galleres, la preuoyance des deux Generaux de Sicile & de Malte, changea de resolution : & le souuenir les aduisa qu'il y auoit en Barbarie vne place,

place, nommée la Mahomette, qui restoit lors par Siroq & Leuant, fort facille de surprendre, selon l'opinion de leur aduis. Le regret de ne pouuoir arriuer au sommet de la premiere entreprise, mit des aisles à leur ambition. Ce fut vne chose prodigieuse de voir sur les ondes de cette mer vne quátité de gros poissons, incogneus mesme aux Mariniers, comme si par vn augure monstrueux ils eussent voulu predire la disgrace qui deuoit fondre sur eux, & que le ciel eust voulu abbatre le vol de ses desseins. Mais quoy? Cesar dans sa fregate, vestu à l'escla-
uonne

uonne, n'a point de peur des orages. La cheute d'Alexádre luy enfle le courage, au lieu de l'abaiſſer : l'on portoit trop d'honneur à l'hóneur, & trop de reſpect à la gloire. Toutesfois perſonne ne ſçait les intentions de la fortune: s'il y en a qui l'eſpouſent, il y en a d'autres qui couchent auec elle à la deſrobée, car c'eſt vne femme d'amour.

L'on ſe deſembarqua le quinzieſme d'Aouſt, iour de noſtre Dame, à ſept mille de la Mahomette par Ponant, enuirõ trois heures apres minuict, & cheminerent ſur le riuage, où le ſable apportoit vne gran grande suite d'incommoditez, qui n'empefcherent pas toutesfois qu'ils n'arriuaſſent ſur la ſortie du iour proche de la place, en nombre de cét armez, tous Cheualiers, portans petars, eſchelles, & pluſieurs autres artifices de guerre, ſuyuis d'vn gros de quatre cents piques, & quatre cents mouſquetaires, & enuiron trois cents armez: le tout conduit par la Dalentade, qui les ſuyuoit auec ladicte troupe de mille pas. Et comme cette troupe de cent fut proche de la place d'vne arquebuſade, le iour eſtant deſia grand, ils virent vingt, ou vingt cinq cheuaux,

uaux, qui les vindrent recognoistre de fort pres, ausquels l'on ne tira point, pour ne dóner l'alarme. Ils ne furét point empeſchez d'aborder la porte ni les murailles, car ils eurét la faueur du loiſir de mettre leurs eſchelles. Et comme le petardier accommodoit ſon petard, les Mores, qui eſtoyét dedans, ignorans cette occurrence, vindrent ouurir la porte, pour ſçauoir que c'eſtoit, ayans eſté alarmez de leurs ſentinelles, & le petard tomba ſans faire effet. La porte ne fut pas ſi toſt ouuerte, que l'on entra peſle-meſle, ne laiſſant pas pour la furie d'vne grande uan de quantité d'arquebusades, de suiure les honneurs de la victoire. Et comme leur courage les eut rendu maistres, la Dalentade arriua auec sa gráde troupe, qui entra sans empescher la licence d'vn grand desordre, qui porta les soldats au saccage sans discretion, & qui l'empescha de ietter les yeux vers les murailles sans gardes, & où estoyent encores les eschelles par où l'on auoit monté. Aueuglement, qui ne doit pas estre pardonné à vn Capitaine, qui doit penser à ce qui peut arriuer, sans se fier trop legeremét à l'apparéce.

Le

Le Chevalier d'Olieule le jugea bien estant hors de la ville, qui vint trouver la Dalentade, pour luy representer le malheur qui luy pouuoit naistre de ceste negligence, que c'estoit trop mespriser la force de leurs ennemis, qui estás en leurs pays, auoyẽt les forces à commandement, qu'il ne falloit point douter par toutes apparences, qu'ils ne fussent attaquez en peu de temps: qu'il ne falloit pas mespriser les expediéts: mais encore asseurer son asseurance: que la fortune ne veut pas que l'on abuse de ses faueurs: que la cõseruation de l'honneur

neur se nourrit dans la defiance: que ce qui ne couste rien, & qui profite, se doit faire: que le repentir n'arriue qu'à ceux qui mesprisent les aduertissemens. Il luy demanda cent arquebusiers, pour aller gagner vn passage fort proche de la ville, par lequel il falloit que la plus part des ennemis passassent lors de necessité pour venir à eux.

Mais où trouuer le iugemét de la Dalentade? le contentement que luy auoit enfanté le bon-heur de l'auoir logé dans la Mahomette, le fit venir aux rodomontades, pour faire voir que son hu-

B

meur estoit Espagnolle, aussi bié que son courage: respondit que la preuoyance se deuoit mettre en repos, & la defiance se croiser les bras. Car vn seul Espagnol estoit capable d'enterrer cinq cens Mores : que le ciel ne se pouuoit desdire de la victoire qu'il luy auoit promise: que les Espagnols cōmandoyent aux euenemens, & qu'il redoutoit d'auantage de n'estre attaqué, que d'estre attaqué.

Paroles : mais des paroles qui n'ont point de sympatie auec les ruses Espagnolles: car pour mesnager le temps, les
braua

brauades ne sont pas tousiours de saison: ou s'il ne le vouloit faire par conseil, il falloit qu'il le fist par consideration: la fougue paroist dans les paroles quelquefois, & la sagesse se fait voir en l'execution. Il ne faut iamais qu'vn Capitaine mesprise les aduis de ses amis: le courage n'est que l'instrument de la prudence: c'est à elle de le cõduire: ceux qui sont Braues sans sagesse, ont vne bonne espée, & vn mauuais bras: mais ceux qui sont courageux & sages, ont l'vn & l'autre. Il ne se trouue plus de Melencoleus, qui face peur à ses ennemis de sa seule demarche, la bonne opinion de nostre pouuoir accroist le pouuoir de nos ennemis. Il n'y a rien qui aye tant raualé la proüesse d'Annibal, que le peu de soing qu'il eut de cõseruer sa gloire apres la bataille de Cane. Ie prise beaucoup l'espée d'Achile, mais ie fay grand estat de la teste d'Vlysse. Ces rodomons qui auallent les hommes tous armez, qui d'vn souffle veulent escarter leurs ennemis comme le sable: tout cela ne sert de rien, vn courage masle se laisse tousiours gouuerner à la raison. Ces vanitez sont filles

les d'vne aueuglée presomption : il faut que celuy qui attaque se persuade, que s'il sçait bien attaquer, l'on se sçaura bien deffendre. C'est vn trait de guerre, de mesurer les difficultez auec les facilitez. Antonius donna sujet aux Parthes de se moquer de luy, ayant laissé par negligence ses machines de guerre : & l'amour de Cleopatra n'empescha pas qu'il n'en souspirast plusieurs fois en cette grande retraite qu'il fit. Pyrrus estoit vn grand Capitaine : mais son ambition, ayant des bras infinis, & embrassant à la fois ce qu'il deuoit faire en plusieurs, ce que il auoit de plus asseuré, luy tomba des mains.

Estre dans vn pays estranger, où il y a des hommes qui sont tous les iours aux combats, & de plus, autant de Chrestiens reniez, qu'il en faudroit pour faire la guerre; pour se voir maistre d'vne mauuaise place, sans esperance qu'vn secours mette le hola à ce qui peut naistre dans la rumeur; & brauer les expediens, se mocquer du malheur en presence de son pouuoir ? De deux choses l'vne; ou il falloit qu'il estimast de garder cette place, ou de la ruïner, ruiner, & s'en retourner. S'il pretendoit de la garder, il falloit en premier lieu visiter les repars, voir quelles estoiét les deffences, & les commoditez qu'il y auoit dans la place. S'il ne la vouloit tenir, ne falloit il pas couper le chemin aux dangers qui arriuent en telles entreprises: car si peu de gens ne pouuoyent pas resister, sans artifice, à la furie de toute vne Prouince. Il est aisé d'entrer lors q̃ l'ennemy dort: mais il est mal aisé de s'en retourner quand il est esueillé, & qu'on luy a donné le loisir de s'armer. En fin, il n'y a rien qui

B 4

deçoiue les desirs que le desdain de la grandeur de no ennemis.

Ce Caualier fut si piqué de cette inconsiderée responce, qu'il n'en voulut plus ouurir la bouche; & le desastre fut tel, que ses discours, qui sembloyent pouuoir ioindre le ciel auec la terre, n'épescherent pas que les Turcs n'arriuassent en peu de temps autour des murailles en si grád nombre, qu'on ne peut empescher leur furie de s'ayder des eschelles, qui auoyent esté droictes: & leur violence fut si extreme, qu'ils leur firét quitter la place à la merci d'vne d'vne grande confusion. Ce que voyant la Dalentade, tirant vn souspir du plus profond de ses regrets, regardant auec vn œil troublé le ciel, & se tournant vers celuy de qui il auoit refusé l'aduis, luy dit: *Pleust à Dieu, Cheualier, que ie vous eusse creu: pour auoir bouché l'oreille à vostre preuoyance, ie me trouue sous les pieds de ma perte, & le desordre se iouë de mon manquement.* Vous participerez au desastre, luy respond le Cheualier, en qualité de Chef: si vous auez donné iour à cette faute, vostre courage en rendra conte au desplaisir. Ne parlons plus de cela, puis que

B 5

le remede est estropié : trauaillons à nous aider du téps qui nous reste, pour donner à nos vies ce qu'elles demandent à la necessité.

La valeur ne leur monstroit point vne plus proffitable inuentió, que de gagner leurs galleres, qui estoyent à vne plage fort eslognée de terre, à cause du vent. Et comme ils se trouuerent dans vne pleine entre la ville & les galeres, où il y a vn cimetiere, plusieurs tombeaux releuez d'enuiron trois ou quatre empans sur terre ; ils furent chargez d'vne troupe de Caualerie, en nombre de deux ou trois cents, auec qui ils firent durant vne heure. Et comme ils penſoyent auoir acheué leur pris-fait, voicy vne grande troupe de Caualerie & d'Infanterie, qui les chargerent ſi furieuſement, qu'ils les taillerent preſque tous en pieces. Et, qui fut en faueur du malheur, ceux des galeres iugeans que les ennemis eſtoyent plus forts, firent vne grande rouſade d'artillerie durant qu'ils eſtoyent peſle-meſle, qui fut le plus grãd effort de leur ruïne, ayans tué plus de Chreſtiens que d'Infidelles. Pluſieurs qui portoyent vn lyon au front, monstrerent auoir au cœur des lieures, plus lasches que celuy de Demosthene, se sauuant fort bien sans combatre. Ie les laisse à iuger de leur deuoir : mais tant de Cheualiers soldats, ou de soldats Cheualiers, aimerent mieux mourir, ou estre esclaues (qui est mourir mille fois le iour) que de fuir.

Le Cheualier d'Olicule n'auoit que son espée, lors qu'il sortit de la ville, auec vne demi pique & son morrion : & l'inconuenient luy fut si seuere, qu'il rompit sa demi pique à la premiere charge, estant contraint de parer les coups,

coups des escarcinades de son morrion, & se seruir de son espée, laquelle fut souuét trempée dans le sang de ces Barbares. Apres auoir long-temps resisté aux efforts de cette meslée, il se trouua blessé de trois grandes arquebusades, de deux coups de demi pique, & d'vne escarcinade, qui eurent en moins de rien tiré toutes les forces de ses forces, & rendu entre les bras de la foiblesse. Et comme sa veuë, sa force & son pouuoir s'en alloyent esuanouïr, Dieu (qui n'oublie iamais ceux qui l'aiment) ne voulut pas que la mort, qui le menaçoit
abor-

abordast sa vie.

Vn certain Chrestien renié, appellé Morat Aga, de la ville de Rene en Bretagne, cognoissant à ses habits qu'il estoit François, luy cria du milieu de la presse, en langue Françoise: *François te veux tu rendre, & ie te sauueray la vie:* comme si Dieu à l'improuiste eust sorti vne main du ciel, luy qui ne voyoit plus de remede pour alonger ses iours, luy promit de se rendre, si sa courtoisie estoit portée à luy donner la vie, & se mettoit à la discretion de l'asseurance, entendát parler vn François, qui porte tousiours la pitié au cœur,

cœur, & la franchise en la conscience. Venant l'vn contre l'autre, l'vn à cheual, & l'autre à pied, Morat luy crie: Quitte l'espée. Ie la quitteray, luy respond le Cheualier, si vostre pouuoir me veut asseurer la vie. Et luy ayant donné la parole des soldats, il se rédit son prisonnier. Cela ne fit que destourner la premiere furie, où sans cela il ne faut point que le doute empesche de croire qu'il eust receu la mort. Vne grande quátité de Turcs & Mores le vouloyent faire mourir, pour váger la mort de leurs parens: mais la volonté encore demy
Chre

Chrestienne de Morat Aga passa la premiere, & arresta ses premieres violéces. Toutes ces campagnes estoyent ionchées de Cheualiers & soldats morts: car il demeura bien sept cens hommes sur la place, & enuiron cent cinquante faits esclaues, la plus part desquels toutefois mourut à sang froid: la Dalentade fut du nóbre des morts, & plusieurs Capitaines qui auoyét serui le Roy d'Espagne en Flandre. Le calme commençant de s'approcher, & les morts prests d'estre laissez de ceux à qui estoit demeuré la vie, Morat Aga voulut mener

ner son prisonnier dans la Mahomette: mais il fut suiuy d'vn nóbre de Mores, qui luy remonstrarent que sa vie deuoit payer la mort de tout plain de parens qu'ils auoyét perdus, & que c'estoyét leurs forces qui l'auoyent desarmé, & que c'estoit apres ses blesseures qu'il s'estoit donné à luy; que les loix de guerre le rendoyent leur prisonnier: & apres plusieurs discours ausquels Morat Aga resistoit, les Mores le prindrent par violence.

Ceux qui ne veulent rien entreprendre, qui n'aduance l'honneur de la gloire, doiuen uent bien prendre garde au succez de telles entreprises, faictes pluftoft par vanité, que pour l'honneur de celuy qui doit conduire l'honneur, où l'indeuotion desrobe les rameaux, & ne laiffe rien que la honte : car luy (de qui la puiffance n'a point de bornes) fçait donner fes ennemis entre les mains de fes amis, fe fçachant bien feruir de fes ennemis, pour rabatre la prefomption de ceux qui ne luy donnent qu'vn mafque de feruice. De là vint qu'il laiffa fon Arche, le plus precieux thresor que fa bien-vueillance euft donné aux Ifraëlites,

entre

ontre les Philistins, pour faire honte à ceux qui auoyent laiſſé ſa crainte : mais il la ſçeut bien retirer en ſon téps. Ceux qui l'auoyent appellé Dieu des montagnes, & non le Dieu des vallées, eſpreuuerent qu'il commande à toutes choſes. Il n'y a rien d'impoſſible à celuy qui combat pour la querelle de Dieu, ſans chercher ſon profit particulier. Le Soleil eſt preſt de s'arreſter, & toutes choſes fauoriſent à l'honneur de leur Createur, celuy qui va aux alarmes pour ſouſtenir l'Egliſe.

Ouy, repliquera on, mais
le

le moyen de cognoiſtre celuy qui a droit auec celuy qui a tort, puis que chaſcun gaigne à ſon tour, & ſemble que tout aille fortuitement. Il s'eſt trouué que cinquante Chreſtiens ont deffait cinq cents Infidelles. Il s'eſt auſſi trouué que les autres en ont fait de meſme ſur les Chreſtiens. Ceux-cy ſont quelquesfois indomptables ; ceux-là ſont quelquesfois inuincibles : où donc prendre la difference du vray & du faux ? Meſme nous voyons les Heretiques aller plus conſtamment au martyre, que les Chreſtiens. A quoy donc cognoiſtre la
verité

verité du mensonge? Il est vray que ce n'est pas proprement à ces accidens que l'on cognoist le necessaire: c'est la cause qui honore les effets. Il la faut cognoistre pour en iuger: les seuls Chrestiens ont vne bonne cause, laquelle se cognoist par des marques infallibles. Il y a vne marque vniuerselle, qui est, que celuy qui soustient cette cause, fait des choses surnaturelles, & qui ne sont permises qu'à sa seule puissance. Il faut donc qu'il soit le Maistre, le Roy, le Superieur, & le Dieu vray sur toute chose, & que sa cause soit bonne, d'autant qu'il ne

peut

peut estre cela sans estre infiniment bon : sur quoy il faut inferer, que d'vne bóne cause ne peuuent sortir de mauuais effets. Si ie perds vne bataille, ie sçay que Dieu m'a dit, qu'il m'aydera, si ie fay ce que ie fay à son hóneur : mais qu'il me laissera, si ie veux suiure mon ambition terrestre. Ma conscience doit iuger de ses deportemens, & puis elle verra que sa prouidence ne s'est point trompée, & qu'il n'a point manqué de parole: & en cela l'effet est tousiours bon de cette bonne cause. Si ie l'ay gaignée, c'est encore l'execution de la mesme promesse.

messe. Voila comment il faut estre asseuré de la cause, auāt que iuger des effets.

Les Mores menerent donc nostre prisonnier dās la Mahomette: à la porte de laquelle il vit tuer plusieurs de ses cōpagnons à sang froid. Que si ses yeux luy auoyent apporté des desplaisirs, luy mōstrant le champ de bataille, tout couuert de ses compagnons, ils luy ietterent mille flesches de douleur dans l'ame, voyant tāt de miserables spectacles. Il fut mené dans vne de leur maisons, où il fut despoüillé tout nud: puis le ietterent dans vn crottō, fait

en

en forme de puits, qu'ils appellent en leur langue, *Matomoro*, d'enuiron trois cannes de profond taillé dans le roc. O cruauté estrange! la cauerne artificielle de Thiamis n'estoit pas si froide. Le grand Iugurta s'escria lors qu'on le ietta dans la basse fosse à Rome: O Hercules! que tes estuues sont froides: ayant vn cœur si gros, que l'apprehension ne pouuoit aller au sommet: & nostre Caualier ne dit mot, aimant mieux monstrer sa vertu par vn doux silence, que par des parolles qui seruent comme d'eau, pour rendre le feu de la fureur des

Barba

Barbares plus ardent. Ce n'eſtoit pas entre des lyons que on le iettoit, cóme celuy qui auoit fait mourir l'Idole de Nabuchodonoſor. C'eſtoit ſeulement entre mille douleurs, qui demeurans dans ſes playes, ſembloyent auoir encore pitié d'vn ſi franc courage. C'eſt vn grand contentement d'endurer quelque choſe pour l'amour de Dieu. Les Socrates & les Catons euſſent cherché à l'enui ces occaſions s'ils euſſent eſté Chreſtiens. Ces ames qui reſſemblét à des termes, ſe plaiſent & ſe nourriſſent aux afflictions, comme les ames du

C

monde aux delices. Il demeura enuiron trois heures dans cette obscurité auec des douleurs, qu'on ne sçauroit sçauoir que par experience, tant à cause de ses blesseures, qui s'estoyét refroidies, que pour le grand coup qu'il s'estoit dóné, lors qu'on le ietta la teste la premiere: & d'vne froideur extraordinaire; & sentant que la foiblesse faisoit ses approches, que l'apparence de viure long temps commençoit à desloger, il s'aduisa plus particulierement de practiquer son repos eternel, & de s'approcher de plus pres de l'amour de Dieu.

C'est,

C'est, ouy, il est vray, aux trauaux que nous apprenons les leçons de nostre bien: il ne faut point d'escole pour enseigner cette verité: aussi tost que l'affliction nous monstre le front de la mort, nos deplaisirs commencent à s'enquerir où nous deuons aller sortans du monde, comme ceux qui s'aduancét lors que ils voyent que le Soleil s'approche de l'Occident : l'apprehension de tomber en la nuict, fait faire des efforts à la resolution.

Ouy, mon Dieu, ç'a tousiours esté vn de mes principaux desirs, disoit-il, accópagnant son silence de paroles coupées de souspirs, de mourir en vne occasion, où vostre Nom honorast la constance de ma mort. Mais ie confesse à vostre clemence, que mon ambition n'a pas tousiours esté religieuse, & que la vanité a quelquesfois emporté les desseins qui conduisent ceux de ma profession. Me voicy, mon Dieu, mais auec vne cōscience qui vous baillera ce qui luy reste, qui est le regret de vous auoir offencé : ne me desniez pas ce que vous auez promis aux pecheurs repentis : ie sçay que vous ne voulez pour recompéce de vos graces,

ces, qui font les biens de voſtre douceur, que le deſir ſeulement de les auoir. Voyez, mon Dieu, comme ie me ſuis preparé pour ne vouloir rien autre choſe : & c'eſt vous qui m'auez fait venir ce deſir, nous mettant entre les mains de nos ennemis, pour aplanir nos volótez, & punir nos paſſions inconſiderées. Nous regardions vne gloire mondaine, & non la foy que nous deuons à voſtre gloire, cela eſt vn trait de l'affection que vous auez au bien de l'ame, pour faire paroiſtre que vous ne voulez pas qu'on profane vos eſpées, qui ne doiuent

C 3

voir le iour que pour le seruice de vostre Majesté. Mais il
faut, mó Sauueur, que ie par-
le de moy, & q̄ ie face le
testament de mes desirs, à fin
que la fin donne vn démenti
aux choses passées, & que
vous iouïssiez tout seul de
mes affections. Vous me re-
pliquerez, que c'est l'amour
seruile qui me fait tenir ce
langage, & que si i'auois la
prosperité à mon comman-
dement, i'aurois encore vn
cœur pour le monde. Non,
ie proteste que ie ne veux
point contester auec vostre
grandeur. Ie diray seulement
que ie sçay que vous m'ai-
mez,

mez, m'ayant enuoyé ces afflictions, pour aduertir mon ame de son deuoir, & que la cognoissance que i'ay de mes pechez, ne peut venir que de vous. Et pourriez-vous vouloir que i'aye cette cognoissance, sans vouloir le reste, que ie fust sauué? Mon Dieu, i'endure ces playes pour l'amour de vos playes, & ces afflictions pour l'amour de vos afflictions. Ie ne demande rien à vostre pouuoir, sinon que vostre volonté soit accomplie chez ma conscience, estant asseuré que mes peines estans meslées auec les douleurs, que vous auez endurées pour me faire voſtre, & conduit par la main de voſtre preuoyance ie ne ſçaurois perdre le chemin de voſtre Maiſon glorieuſe.

Parmy les douceurs d'vne ſi ſaincte action, la fidelité eſleuant l'ame à ſon principe, & forçant la miſericorde de s'vnir à l'ame, le deſroboit ſecrettement aux douleurs, tellement occupé autour de ſon objet, que tous les ſouuenirs mondains auoyent laiſſé ſes penſées, & vn doux tranſport verſoit de la douceur dans ſes playes, quand vn grand bruit confus luy vint fraper l'oreille. Les Mores qui
ou

ouuroyent vne petite porte dans la voute de la prison, & luy ayans ietté vne corde, ils luy faisoyét signe de la prendre pour monter: mais comme il voulut essayer de le faire, il se trouua le bras droit rōpu d'vne arquebusade, cōtraint de leur faire signe, ne se pouuant entendre, autrement qu'il ne le pouuoit. Ce qui fit retourner leur furie, luy iettant vne quantité de pierres, auec des hurlemens estranges: & sa consideration voyāt la rage de cette cruauté si allumée, se força de prēdre la corde auec les dents, & s'ayder du bras gauche: sor-

tât par ce moyen auec beaucoup de peine, & ce ne fut que pour contenter l'exercice de leur rage, & leur faire recommécer leurs insolences. Apres l'auoir cruellement battu, ils le promenerent par toute la ville à grand coup de cymeterre, où les femmes mesme & les enfans contenterent leurs indiscretions : & pour esleuer ses afflictions, ils luy faisoyent baiser les testes de ses compagnons. Et ayát esté promené l'espace de deux heures, & ennuié de ce spectacle, les Mores (de qui il estoit esclaue) le firent sortir de la ville, & le menerent à
deux

deux lieuës de là dás vn bois, où il y auoit cóme vne Eglise, qu'ils appellent Mosquée, de laquelle sortit vn Marabou, qui est vn Prestre de leur loy, portant en sa main vne gráde escarcine, qui leur demanda quel homme ils menoyent: auquel ils respondirent, que c'estoit vn Cheualier de Malte, tres-meschant homme, qui auoit tué plusieurs de leurs parens & amis. Sur lesquelles paroles, le Marabou animé d'vne passion Barbare, leur dit, qu'ils estoyent peu affectionnez à leur loy, & à la haine contre les Chrestiés: qu'ils le deuoyent auoir taillé en pieces, qu'ils respondroyent de ne l'auoir fait passer sous les rigueurs de la vangeance, disant outre cela. I'ay tant d'affection à nostre grand Prophete Mahom, que si vous me le voulez vendre, ie vous donneray trente sequins pour luy faire vn sacrifice: i'auray ce contentement de baigner mes mains dás le sang d'vn Chrestien; vous me le deuez donner: car c'est plus que ne vous en dōnera le Bacha. Les Mores respondirent, qu'ils ne le pouuoyent donner à moins de cinquante sequins.

Sur l'estendue de ce discours,

cours, où sa vie couroit fortune, le ciel, qui auoit commancé de luy estre fauorable en cette affliction, luy versoit de moment en moment ses douceurs. L'on vit venir deux hommes à cheual, vestus à la Turquesque, sur le chemin de Thunis, lesquels de loin ayans ouy les discours qu'auoit le Marabou auec les Mores : car les Mores ont cette coustume, de dire leurs plus basses paroles en criant, vindrent bride abatue, l'espée au poing contre les Mores, qui voyans la fureur de ces deux Caualiers, s'escarterét les vns vers la Mosquée, les autres
dans

dans le bois, laissant le prisonnier tout seul. Qui a iamais veu vn secours si inopiné? Iamais Theagenes ne fut si estonné, quand il vit Thiamis attaqué de ses ennemis. Ne diroit on pas que ces deux Caualiers sont descendus des nuées? Si Paris admira le secours de Venus, Diomedes la faueur de Pallas, & Achilles le present de Thetis, nostre Caualier admire d'auantage l'arriuée & la bonne volonté de ces deux incogneus.

Leur courtoisie ne se contenta pas d'auoir abatu l'orage de ce traicté funeste ; ils
aborde

aborderét le prisonnier, & luy demandant de quelle nation il estoit, il leur respondit, qu'il estoit François. Ils l'interrogerent s'il estoit Cheualier, ou simple soldat, à quoy son opinion (pour n'auoir pas vn si grand esclat en son esclauage) leur dit, qu'il n'estoit que simple soldat : & l'vn d'eux l'enuisageant de pres, luy dit : Tu ne dis pas la verité, tu es vn des principaux Cheualiers de Malte, & tu ne te fais que simple soldat ; tu t'appelles Astros.

Pardonnez-moy (repliqua-il) la croyance vous trompe. Elle ne me trompe point, dit l'autre, l'autre, tu es le Cheualier d'Olieule. Cette parolle osta le masque à la dissimulation, luy apportant autát d'estonnement que de desir de sçauoir qui le pouuoit cognoistre en ce pays. Et se iettant à ses pieds, dit: C'est la verité, s'excusant sur son desastre.

Lors auec vne voix animée d'vne affection Chrestienne, parlant en langage Italien, il luy dit: Cheualier, ta consideration te doit apprendre que tu es le plus fortuné homme du monde, ayant reçeu de la main de Dieu l'honneur d'vne telle faueur, que ces Barbares en te prenant, ont eu la patience

patience de laisser ton ame auec ton corps: & maintenāt qu'ils te vouloyent vendre à ce perfide Marabou, qui t'eust mis en mille pieces, & exercé sur toy tout ce que les Megeres auroyēt peu inuenter dans son imagination: tu as veu le bon-heur qui nous a amenez icy: cōme vne volonté, qui commāde à toutes choses, nous a fait arriuer sur l'heure que la mort s'estoit armée pour te venir ataquer. Ainsi Dieu mōstre son amour au besoin: ainsi sa clemence coupe les pieds des rigueurs qui s'attaquent à ses amis. Ainsi doiuent recognoistre
les

les Braues que Dieu est tousiours aupres de leurs desirs.
Ne sont ce pas des marques
admirables de l'amour que
Dieu te porte? Si sa bié-vueil-
lance reluist dans les dangers
qui se sont esleuez côtre toy,
c'est pour establir ton asseurance en sa douceur, & arra-
cher tô cœur de la terre, pour
le loger au ciel. Il laisse aller
les hommes iusques au bout
de la ligne des peines: mais sa
prouidéce les releue : sa bon-
té a des moyés, qui au dessus
de nous mesmes, nous gardét:
sa clemence a des armes in-
uisibles, pour deffendre la
fermeté des ames religieuses.
Leue

Leue les yeux au ciel, Cheualier, & recognoy que sa puissance infinie va aussi bien dōner secours à ses seruiteurs chez les Barbares, en vne terre estrangere, qu'entre les Chrestiens. Chasse d'autour de ton courage cet estonnement, qui a coustume de terracer la constance des esclaues: ta vie est en la main de Dieu: fais luy vn present de ta conscience: tu n'auras point de mal, pourueu que tu n'escartes tes pensees de sa crainte. Et si tu te voulois plaindre des afflictions, n'offencerois-tu pas ta prudence, qui doit recognoistre que ce sont les
pre

precieux presens que nostre Seigneur donne à ceux qu'il aime? Te faut-il apprendre que les Cheualiers de Malte sont les religieux soldats, destinez pour deffendre l'Eglise de Dieu ; & qui doiuent mourir franchement en cette belle querelle contre les Infidelles? en ce dueil où Dieu laisse exercer le liberal arbitre de ses seruiteurs, asseurez de la victoire pourueu qu'ils ne manquent de courage & de fidelité? Oserois-tu refuser les faueurs d'vne main si puissante? Tout cela seront des couronnes, qui te seront rendues dans le Royaume où

vont

vont ceux qui donnent tout le gouuernement de leurs desirs à Dieu. Et quand il te faudroit mourir pour vne si belle cause, serois tu offencé en l'honneur d'vne si iuste querelle ? Ce seroit arriuer plustost au riuage de la mer du monde, où nous n'auons iamais trouué de calme. Non, non, Cheualier, demáde vne chose à Dieu : mais demande la bien, qu'il demeure tousiours auec toy; & puis ne luy donne plus de sujet de quitter tes conceptions : estime que tu n'es pas capable de combatre les assauts de satan. Estant seul, appelle tousiours noſtre

noſtre Seigneur pour t'aider: & ſi tu es aſſiſté d'vn bras, ſans lequel la valeur n'eſt point valeureuſe, pourrois-tu douter que tu ne ſois victorieux, quand tous les ennemis capitaux te feroyent venir ſur le pré?

Ce langage auroit-il ſorti de la bouche d'vn Turc? Vn Infidelle auroit-il bien ſçeu cette fidelité? Le demon qui eſt en poſſeſſion de la langue de ces Barbares, auroit-il laiſſé prononcer ces parolles celeſtes pour moy? Ie diray en vn mot, qui comprend tout ce qui ſe peut dire en ce ſujet; ie croy que ce fut vn coup du ciel:

ciel : les Iudicieux en seront les iuges par les apparences.

Ces parolles menans vne grande suitte de contentemens, leurs appas attachoyẽt nostre Esclaue par l'oreille, luy faisant perdre le souuenir de ses peines passees : & sur la sortie du discours, qu'il vouloit auoir l'honneur de cognoistre ceux qui le cognoissoyent, & que la curiosité en vouloit tirer des parolles de leur courtoisie; les Mores qui s'estoyent peu à peu approchez, commencerent à crier, prians les deux Caualiers de vouloir entẽdre leurs raisons: ce qui leur fut permis:&se dõnans

nans à entendre, confessoyét d'auoir eu tort de l'auoir voulu vendre au Marabou: mais qu'il les en auoit solicitez, promettans que s'il retournoit à eux, ils ne luy feroyent point de mal. Apres plusieurs persuasions, accompagnees de serments, ils le laisserent aller entre les mains des Mores, luy promettant toutesfois qu'il n'auroit point de discourtoisie, pourueu qu'il eust esperance en Dieu. Sur lesquelles paroles ils se partirét, sans que nostre Esclaue aye iamais sçeu qui c'estoit.

Ces Mores, qui estoyent dix ou douze, l'emmenerent dans

dans vne grande campagne, où il y auoit plusieurs arbres, & sans le faire iamais penser. O estrange humeur, ne cognoistre pas seulement l'ombre de la charité! Ils l'attacherent à vn figuier, où il demeura cinq iours & cinq nuicts, sans se pouuoir aider ni de pieds ni de mains, n'ayant pour nourriture vne fois le iour qu'vn peu de farine d'orge, petrie dans le creux de la main. Quelle douleur? n'approche-elle pas la grandeur de celle du Pere de la patience? Les blessures, où le venin se mesle quant & quãt auec le sang, où le sang mes-

D

me, qui se corrompt en venin? Non, ie me suis mille fois laissé emporter à l'admiratiõ, ne sçachāt cóme il n'est mort mille fois: car outre ces violences: le froid, estant nud la nuict: la faim, estant si mal nourry: les mousches le mangeoyent tout vif, sans qu'il se peut remuer : les larmes me viennent aux yeux seulemét à la veuë de ce souuenir, & les souspirs voudroyent arrester ma plume.

Il m'a dit, que son contentement n'auoit autre recours qu'au souuenir des sainctes & deuotieuses parolles de ces Caualiers, & qu'elles estoyét celle tellement grauees dans ses affections, que son asseurance luy donnoit à toute heure courage. C'estoit en fin le portrait de sa meditation, & l'image de ses regards interieurs.

Le sixiesme iour le Lieutenant de Roy, qu'on appelle Chaya, vint en ces côtrées, où il amassa tous les pauures esclaues: nostre Caualier (apres vne si grande troupe de rigueurs) se trouua du nóbre, plus esclaue de ses douleurs, que des Barbares. On les mena en la ville de Thunis, qui est à soixante mille de la Mahomette, tous à pied,

D 2

chose insupportable à vn corps, où le sang & la vigueur ont cedé à la foiblesse ; aussi nud d'accoustremens, que de santé. Et ce Barbare de Vice-Roy, pour bailler plus d'esclat au trophée, faisoit marcher deuant cette trouppe miserable vingt ou vingt-cinq chameaux chargez des testes de leurs compagnons. en cet ordre funebre, où le dueil & la pitié eussent peu esmouuoir les marbres, ils entrerent dans la ville : à la porte de laquelle la plus-part du peuple sortit pour les voir, comme si c'eussent estez des monstres : & les accompagne-
rent

rent depuis les iardins de la Ville, iusques au Chasteau, esloigné d'enuirõ trois mille, auec des crieries si esclatátes, que le tónerre n'eust pas esté entendu; accompagnans ces seueritez des coups d'vne telle espaisseur, que ces pauures creatures ne sçauoyent où se tourner. Estans arriuez au Chasteau, le Roy, appellé Moustapha Bacha, Chrestien renié, Sicilien de nation, de la ville de Trapano, leur fit donner à chascun vne chemise de gros caneuas, & fort courte: puis les voulut voir, les interrogeant les vns apres les autres d'où ils estoyent,

& de quelle qualité. Quand il toucha au rang du Cheualier d'Olieule, il luy dict, qu'il estoit Cheualier de sainct Iean. A quoy il respõdit, qu'il faisoit grand estat du bonheur, qui luy auoit amené des Cheualiers de Malte, pour eitre ses Esclaues. Et apres auoir repeu son contentemét de risées, à la façon des Barbares, il commença de dire en se moquant; Que les Cheualiers de Malte estoyent fort charitables, que leur Religion les esleuoit à la courtoisie, que c'estoit vn corps sans diuision, & que la principale partie de leur gloire consi consistoit à aymer plus la fortune de leurs compagnons, que leur propre aduancemēt. Et pour fauoriser cette grande charité, il leur commandoit d'aller porter les testes de leurs compagnons sur les murailles de son chasteau. Ce qu'ils firent, contre les forces du regret. Il m'a dit, qu'il n'a iamais eu l'ame percée de douleur, comme en ce deplorable exercice, recognoissant les testes de plusieurs de ses parens & amis ; & qu'il eust sans dissimulation preferé la mort à cette triste action. Estant arriué au bout de ce funebre commandement, le

Roy les voulut encore voir, lequel esleué sur le plus haut montant de sa grauité, il leur fit mille menaces; ce qui est superflu vers ceux qui ont les mains attachées à l'infortune.

Trois iours apres, mais plustost trois années, Monsieur de Breues, qui auoit lóg-téps serui sa Majesté tres Chrestiéne d'Ambassadeur à Constantinoble, arriua à Thunis: lequel tout riche de merite, & chargé de courtoisie alla visiter nostre Esclaue, luy ouurit le cœur de son assistance, luy promettant de moyenner son rachet, & de luy ayder de ce qui seroit necessaire. Il re. Il le pria, apres luy auoir rendu vn monde de remerciemens, d'en traicter auec le Roy Mouſtapha Bacha : ce qu'il fit : Mais où trouuer de la pitié vers l'ame d'vn Barbare, attachée à ſa paſſion? vers vne humeur inſatiable de rigueur? vers vn, dy-ie, qui a laiſſé la loy de douceur, pour prédre vne loy contraire à toutes les loix de l'humanité? Ses oreilles furent bouchées à cette propoſition : il ne voulut nõ plus ouïr parler de la liberté de ce Caualier, que le meſchant de ſon ſalut. Et pour couper chemin au deſir de Monſieur de Breues il demanda vne si grande somme pour sa rançon, que le pouuoir d'vn Prince n'eust sçeu payer. Ce que voyant, il remercia l'affection de Monsieur de Breues, tât pour sçauoir qu'il ne sçauroit donner ce que demandoit le Barbare, ne voulant pas incommoder sa maison, que pour se voir par ses blesseures fort incertain de la vie, desirant faire toute chose auec raison: où l'on voit le pourtraict d'vne belle prudence. Vn peu apres Monsieur de Breues partit par Argers, pour s'en reuenir. Ce fut lors que la cruauté fit renaistre la rage de ce Barbare, re, faisant encheiner ce pauure Caualier auec de grosses cheines, ne luy faisant donner que deux petits pains noirs par iour: chose où la constance se doit bien tenir sur ses pieds, pour n'estre esbranslée du desespoir & du changement. Ceux qui ont employé tous leurs loisirs aux délices, & qui n'ont iamais essayé les orages de l'incommodité, seroyent incapables de resister à vne si genereuse peine, de courtiser vne si longue patience, de faire l'amour au bon-heur dans les ombres de tant de trauaux.

Mais les braues gagnent leur reputation sur le champ des afflictions: ils sont si familiers des alarmes, qu'ils ne sont en repos qu'alors qu'ils n'ont point de repos: le feu des courages releuez ne s'esteint iamais; & puis pour le ciel c'est autre chose que pour vn hôneur en peinture. C'est par vne autre croyance que celle de ceux qui se mocquoyent des autres, qui caressoyent l'esclauage, persuadans qu'il falloit preuenir la main du bourreau, faire soy mesme l'office de meurtrier, & ne permettre pas à vn autre bras de donner la mort.

La

La sagesse apprend de l'attendre à pied ferme, sans s'esbranler : mais elle deffend de mettre la main à ce qui appartiét à la prouidéce diuine. Il faut ressembler aux Thebains, qui mespriserent les loges des Arcadiens, s'essayer aux alarmes de l'affliction, sans porter enuie à nos ennemis : ie dis à la rigueur, qui nous voudroit faire mourir, demeurer vierge en ses resolutions, comme Chariclea auec son Theagenes.

Comme ce pauure Gentil-hôme commença à se porter vn peu mieux, & que les douleurs furent lasses d'estre
hostesses,

hostesses de ses playes, non pour estre chassées du bon traictement, ains d'vne pitié celeste. Les plus apparés Mores de la Mahomette deputez de toute la ville, vindrēt suplier Moustapha Bacha, de leur vouloir vēdre le prisonnier, à fin de l'aller brusler dās leur ville, pour contenter les desirs de leurs passions; qui vouloyent vanger sur luy la perte de plusieurs braues soldats, dōt la memoire ne pouuoit estre celebrée sans larmes, & que cette mort publique retiendroit la violence de leurs regrets. Moustapha Bacha s'estoit laissé couler à
cette

cette resolution, quand plusieurs Capitaines Ianissaires & Agas luy remonstrarent, que cette mort feroit arriuer mille morts à plusieurs Esclaues de leur nation qui estoyét à Malte, que cela ne seruoit de rien pour establir la vangeance, que les preceptes de la guerre condemnent cette procedure, qu'il est permis aux ennemis de tuer leurs ennemis à la guerre, que la valeur d'vn Cheualier ne se punit iamais raisonnablement chez ses ennemis, qu'vn homme de marque pourroit beaucoup rendre de seruice
grand Seigneur, si sa valeur

leur vouloit faire pour luy ce qu'il auoit fait pour sa natiō: que le temps amene vne repentáce à ceux qui se laissent librement gouuerner à la legereté.

L'apparence de ces parolles, fit tourner la volonté de Moustapha Bacha, & refuser ce que demandoyent ceux de la Mahomette. Peu de iours apres il cōmanda qu'on le fist trauailler: ce qu'il fit l'espace de six mois, portāt d'ordinaire vne grosse cheine, luy faisant porter auec ce fardeau la chaux, le sable, pierres, & autres choses bien pesantes, cultiuant le plus souuent

uent la terre, accompagnant ces rigueurs d'vne grande quantité de bastonnades. Ie veux laisser à penser aux gens de sa profession, si cette façon de viure s'accordoit à ses merites. Il faut neantmoins passer par là, il faut aualler cet hidromel. Ces frisez, ces muguets, qui se trouuans à l'entrée de quelque desastre, iettent sur le champ, vn (Ie suis de bonne maison) comme si l'infortune estoit villageoise. Ie ne croy point qu'il y aye plus de plaisir au monde, que d'entretenir vn sot de bonne maison, de le voir, soit à la Cour, qui est proprement l'enfer l'enfer des badaux, soit dans vne armée, où leur reputation sert de comedie, soit aux affaires. Mais c'est le malheur, les sots sont tousiours heureux, l'Esclauage ne les approche iamais, & en seroyent aussi marris, que ceux qui gagnerent au pied quand ils virent les ennemis entre la Mahomette & les galleres. C'est dequoy ie me voudrois plaindre, si la gloire se dōnoit sans combatre: mais la peine n'est que pour les ames soldates: ceux qui fon proffit du téps, & de toutes choses, reçoiuent les afflictions, comme venant de la main de Dieu.

Mousta

Mouſtapha Bacha voulut eſpreuuer ſi la conſcience de noſtre Caualier ne branſloit point, luy parlant de renier ſa foy : mais ayant trouué vne reſolution toute contraire à ſes deſirs, il luy faiſoit donner quatre cens baſtonnades à la fois, dont couché par terre, il ſe trouuoit ſouuent plus voiſin de la mort, que de la vie. Et comme le Barbare eut recogneu que ſa fermeté eſtoit vn rocher, contre lequel ſe rompoyét les fleſches de ſa cruauté, print recours aux belles paroles, luy remóſtrant combien ſa condition ſeroit releuée, s'il ſe vouloit

faire

faire Turc, que la fortune luy donnoit le chois de ses plus belles faueurs, que sa conscience ne feroit que passer d'vn mal en vn bien, que ce luy seroit vn honneur honorable d'estre fauorisé de celuy qui possede les plus importantes choses de la terre, qu'il le feroit le plus grand de toute l'Afrique, qu'il pouuoit dire que son mal luy auroit enfanté vn grand bien, que ç'auoit esté la porte pour rencontrer sa bien-vueillance, & l'honneur d'vne si grande prosperité; que rien ne luy seroit refusé de ce qui peut dóner la splendeur d'vn Caualier;

lier; qu'il auoit vne fille, qu'il eſtimoit le plus grand party de l'Aſie, qu'il luy donneroit en mariage; qu'il ſe vouloit ſeruir de luy, ſçachant bien qu'il eſtoit de gráde maiſon, & qu'il pouuoit voir ſa clemence en cette courtoiſie.

Cependant entre tant de Scylles ſon deuoir demeuroit touſiours en ſon rang, ſans auoir de cœur pour ces perſuaſions, remõſtrant à Mouſtapha Bacha combien l'on doit tenir precieuſe la proſperité du ſalut: que les Chreſtiẽs bien zelez, ne font point Eſtat du monde, ſont inuincibles en leur croyance; que c'eſt c'est par le sentier de leur verité que l'on va au ciel; que ceux qui sont reniez regardoyent pluftoft aux grandeurs paſſageres, qu'en la Religion, en laquelle ſeule l'on gagne la vie eternelle, qu'il ne ſe faſchoit pas de participer aux afflictions, que ſon maiſtre en a bien enduré d'auátage pour le faire ſien, que ſi la loy de Mahom eſtoit bonne, l'on inſtruiroit par apparence de marques les hommes qui la ſuyuent ; & meſurée auec les autres opinions, l'on cognoiſtroit où demeure le ſalut. La verité ſe doit cognoiſtre d'auec le meſonge

songe par des apparences infallibles : ce qui ne peut arriuer en la loy de Mahom, puis qu'il est deffendu d'en disputer, & que les espées doiuent decider le differéd; qu'il estoit si asseuré d'estre au bon chemin, que toutes les paroles mondaines ne sçauroyent esbrasler son asseurance; que les trauaux qu'il enduroit seroyent autant de trophées dans le ciel; qu'il cherchast d'autres affections pour flechir à ses volontez; que l'Asie & l'Afrique, ni tout le monde ensemble, ne luy sçauroyent faire perdre le respect & la foy qu'il auoit iurée à Iesus

Iesus-Christ.

La grandeur de ce courage offença estrangement les conceptions de Moustapha Bacha: le front de cette religieuse opiniastreté luy fit changer de resolution: il l'enuoya sur les galeres de Biserty, où il demeura quatre mois sous le ioug d'vn deplorable mestier en diuers voyages, où il espreuua toutes sortes de cruautez.

Le mois d'Auril, l'an mil six cents sept, Moustapha Bacha fut osté de sa charge: car c'est la coustume, pour conseruer l'Estat, que les plus grands Maistres n'ont qu'vn
Maistre

Maistre, qui par Conseil faict & defaict ce qu'il veut. Il partit de Biserty pour aller à Cōstantinoble auec deux galleres: nostre Cheualier estoit sur la Capitane auec la longue pique en main, & tirarent auec vn temps fort fauorable vers le Cap Passero, q̃ les Anciés appelloyent Cap Poudoro. Et cōme ils eurent descouuert l'Isle de Malte, les véts se mirent Siroq & Leuāt si contraires, qu'ils furent contrains de sejourner trois iours à la Lampadouze.

Il m'a dit de bouche, qu'estant dans ceste Isle, il auoit tousiours les yeux du cœur

E

tournez vers noſtre Dame, ſe ſouuenant qu'il auoit ouy la Meſſe dans ladicte Iſle, eſtant auec les galleres de ſon Ordre, dans vne petite Chapelle qui eſtoit conſacrée à cette grande Royne.

Pour moy, ie croy qu'elle l'a touſiours aſſiſté, & que ſans la deuotion ſecrette qu'il portoit dans l'ame, le deſaſtre l'euſt ſouuét ſurmóté. Cela eſt remarquable, que iamais vn de ceux qui ont eu des fidelitez pour cette diuine Princeſſe, n'a paſſé ſans receuoir des faueurs de ſon pouuoir: c'eſt l'Eſtoille qui ayde à paſſer la mer du monde, l'aimant des Chre

Chrestiens, ou la Thetis qui apporte le bouclier pour se deffendre des malheurs.

Voyant que le temps continuoit à leur estre contraire, prindrent aduis de s'en aller espalmer dás l'Isle de Gerbis: toutesfois la fortune voulut qu'ils máquassent laditte Isle; & furent côtraints de retourner en Barbarie, à vne ville nommée Suze: où apres auoir demeuré deux iours, le Bacha fit visiter en quel estat estoit sa Chusme, où l'on trouua plusieurs malades? & entre autres nostre Cheualier, à qui les os commençoyent à paroistre, ne se pouuant tenir debout. Et le Bacha craignât que la mort n'allaſt au deuât de ſes pretentions, luy dit vn iour, que bien qu'il ſçeut qu'il eſtoit de grande maiſon, & qu'il ſçauoit bien qu'il auoit vn oncle grand Croix à Malte, il le lairroit aller en luy donnant dix mille eſcus. A quoy il ne reſpódit rien, eſtimant la demáde impertinante. Deux ou trois iours paſſez, l'auarice l'aduiſa qu'il s'en alloit mourir, & qu'il falloit pour ne perdre le tout raualler la ráçon: qui fut cauſe que le priſonnier le pria de luy donner des gardes pour le conduire iuſques à Thunis, loing

loing de Suze de cent soixante mille, où l'esperance luy promettoit de trouuer quelques marchands François, qui luy presteroyent la somme qu'il luy demandoit: ce qu'il fit.

Il faut remarquer, que de Suze pour aller à Thunis, il faut passer par la Mahomette, là où il auoit esté pris: & fit cette grande iournée à pied chargé d'vne grosse cheine. Là où estant arriué, il pria les Turcs qui le menoyent, de le vouloir decheiner, estant si combatu de la foiblesse, qu'il ne pouuoit plus cheminer en cet equipage. Apres plusieurs prieres, quelque ombre de pitié se treuua parmy leurs considerations; ils luy osterét cette cheine: chose qui luy fit croire que c'estoit vn bon augure, se resouuenant qu'au mesme lieu où il auoit esté faict esclaue, il fut deschargé d'vn si grand poids. Et continuans leur chemin vers Thunis tousiours à pied, si vn grád contétement marchoit auec luy d'vne si belle apparence, la douleur de la faim marchoit de l'autre, n'ayant eu en tout ce long chemin de Suze à Thunis, qu'vn petit pain.

L'enuie de voir arriuer sa liberté, ne luy laissa point de repos,

repos, qu'il n'eust esté trcuuer le Conful François le mefme iour qu'il arriua, auec plufieurs marchands, aufquels fa neceffité racompta le befoin qu'il auoit d'eftre affifté d'vne fomme d'argent, pour le garder d'aller en Conftantinoble. A quoy leur mauuais naturel, qui ne tenoit rien du François, fit la fourde oreille, & leur peu de charité defdaigna de refifter à fon indigence: mais au contraire, pour contribuer aux rigueurs des Barbares, ils cherchoyent fecrettement tous les mauuais offices contraires à fa liberté, fans que fon fouuenir luy dise, qu'il leur en ait iamais dōné occasion.

Il est vray, qu'en ce mesme téps deux ou trois marchands de Marseille luy presenterent sept ou huit cens quintals de poudre, luy donnant pouuoir de s'en seruir pour son rachet: lesquels il remercia, leur disant, qu'il aimoit beaucoup mieux mourir en esclauage, que de se seruir de ces poudres, sçachant par la regle des consciences, que ceux qui donnent aux Infidelles semblables commoditez, sont excommuniez, & blessent infidellement la volonté des Roys.

Ainsi

Ainsi delaissé de tout secours, il se ietta entre les bras de celuy, qui Tout-Puissant, promet de secourir les affligez qui s'addresseront à luy, le priant de vouloir instruire ses resolutions, inspirer ses volōtez, qu'elles se vouloyēt accommoder à sa prouidence. Porté de cette saincte humilité, il se va souuenir d'auoir ouy parler d'vn riche marchand, Chrestien renié toutesfois, nommé Estasan, Geneuois de nation; à qui le doute de ne trouuer point de secours entre les Chrestiens, le fit resoudre de luy aller parler. L'estant allé trouuer

E. 5

en sa maison, il luy fit entendre l'estat de ses affaires, le priant de le vouloir assister de la partie demádée par Moustapha Bacha, à qui Estafan respondit: Ie ne sçay quelle esperance t'a addressé à moy, apres auoir esté refusé de ceux de ta nation, de ceux qui sçauent qui tu es, & quelle est ta condition & ta qualité: comment veux-tu, moy qui n'ay point la cognoissance de tes moyens, ni qui tu es, que ie te preste vne somme si signalée? le soin que i'ay de ne me laisser pas abuser, m'empeschera bien de faire cette faute.

Cet abort, qui sembloit
vou

vouloir faire fuir son attente ne le fit point retirer: il le pria de luy permettre de se faire cognoistre : qu'il ne s'arrestast pas sur le refus de ceux de sa nation, qu'il auoit moyen de luy payer des interests si grands que ses desirs s'en contenteroyent. Ces protestations calmerét vn peu l'opinion d'Estasan, qui ayant apris au vray de quelle qualité il estoit, & quels moyens il auoit, luy presta tout ce que Moustapha Bacha auoit demandé. Bon-heur arriué miraculeusement, & au temps que l'infortune s'approchoit de luy, pour le rendre pour touſiours miſerable. Deux iours apres le grand Turc máda vne gallere à Mouſtapha Bacha, auec commandement de luy enuoyer par le retour de ladite gallere tous les Cheualiers de Malte qu'il auoit ſous ſon pouuoir, pour les confiner dans les obſcures tours de la mer noire. Ce qu'il fit : mais le ciel ne voulut pas que noſtre Caualier fut de ce malheureux nombre : il reſta eſclaue d'Eſtaſan déſlors qu'il eut deliuré ſa rançon, luy ayant promis de luy rendre dans vn an cinq mille eſcus, pour quatre mille qu'il luy auoit preſté.

Mais

Mais le fauorable souuenir de Monsieur d'Olieule son pere, empescha cette longueur : il bailla dans quinze iours ce qu'il auoit promis de donner dans vn an. Et ayant satisfait son contentement, il luy fit la lettre de franchise le iour de la saincte Pentecoste ; & trois ou quatre iours apres il s'embarqua sur vne Tartanne de Marseille, & s'en vint en Sardeigne, en la ville de Cailleri, où il arriua le iour de sainct Iean, où pour honorer sa felicité, il entendit le matin la saincte Messe en l'Eglise de nostre Dame de Bōnaire, où florit vne grande
deuo·

deuotion: & trois iours apres il s'embarqua pour s'en venir en Prouence. Et quand il fut à trente mille par Ponant du Cap de Poule, il vit de bien pres Morat Tourreys auec six galleres: & prenant chasse, il se trouua à vne pointe pres dudict Cap de Poule, où estoient deux vaisseaux Bretons, commandez par Monsieur de Martilli, auquel il fit sçauoir que Morat Tourreys estoit bien pres de luy. Ce qu'ayant entendu, fit faire voile, entrât tous ensemble dans le port de Cailleri: & cette mesme nuict les galleres Turquesques furent

au

au mesme lieu d'où s'estoit leué Monsieur de Martilli, qui eust couru fortune sans cet aduertissement. La Tartanne sur laquelle estoit venu nostre Caualier, partit de là à cinq ou six iours, sur laquelle il se voulut embarquer: mais le Vice-Roy, qui est le Comte Delreal ne le voulut pas. Ce qui arriua pour fauoriser sa prosperité: car cette Tartanne passant par vne ville, qui est en Sardeigne, nommée l'Oristan, tous les mariniers & passagers furét empoisonnez; duquel poison la mort s'est aydée pour couper la vie à tous

ces

ces pauures gens. C'est pourquoy il se doit estimer bien-astré, d'auoir esté exempt de cette compagnie. Quelques iours apres il s'offrit passage d'vn vaisseau Prouençal, qui alloit à Ligourne, sur lequel il s'embarqua : & estant à Taulare, ils eurent chasse d'vn gros vaisseau armé, moitié Turcs & Anglois, qui les suiuirent de bien pres, iusques à l'Isle de l'Herbe.

Ne semble-il pas que le ciel face marcher le bonheur & le malheur teste à teste deuant ce Caualier, pour luy faire voir comme il a soin de son aduancement,

ment, pour retenir pour luy sa fidelité?

Estant heureusement arriué à Ligourne, il reçeut vne lettre du grand Duc, laquelle ne fut pas si tost leüe, qu'il print la poste pour luy aller baiser les mains. Et ayát reçeu ses commandemens, il continua son chemin vers l'Erisy, où il trouua la gallere patronne de France, sur laquelle il vint à Marseille. Il faut prendre garde qu'il fut pris prisonnier le iour de nostre Dame d'Aoust, fait franc le iour de Pentecoste, arriua le iour de sainct Iean en la Chrestienté, & le iour de
nostre

noſtre Dame de Nouembre
il alla rendre graces à celuy
qui l'auoit deſrobé à tant de
dangers, au fainct lieu de noſtre Dame de Grace, luy fai-
ſant preſent d'vn cœur
qui veut perſeuerer
en ſon amour.

F I N.

SVR L'ESCLAVAGE
DV BRAVE CAVALIER,
François de Vintimille,

STANCES.

A Monsieur du Lisdam.

Qvand ce Caualier indompté
Plonge sa douce liberté
Aux flots d'vn Barbare riuage;
Du Lisdam dedans ses escrits
Va deplourant son Esclauage,
Qui captiue les beaux esprits.

Vintimille serré de cheines,
Voit mille tourbillons de peines
Battre le rocher de son cœur:
Mais maugré l'effort des supplices,
Tousiours il demeure vaincœur,
N'estant point esclaue des vices.

BAVDOIN.

Extrait du Priuilege du Roy.

PAR grace & Priuilege du Roy, il est permis à Claude Morillon, Libraire & Imprimeur de Lyon, imprimer, ou faire imprimer, vendre & distribuer, *toutes les Oeuures composées par* HENRY DV LISDAM. Auec deffences à tous Libraires & Imprimeurs du Royaume de France, & autres subiects du Roy, d'imprimer, faire imprimer, vendre, debiter, tenir & acheter, eschanger ou traffiquer dedans & dehors ledit Royaume, aucunes desdictes Oeuures, ny les augmenter ou diminuer, ny en distraire aucune chose, sans le sceu & consentement dudict Morillon, sur les peines portées dans ledict Priuilege. Donné à Paris au mois de Iuin 1608.

www.ingramcontent.com/pod-product-compliance
Lightning Source LLC
Chambersburg PA
CBHW070526100426
42743CB00010B/1965